Dankeschön!

Für die freundliche Unterstützung bedanken wir uns herzlich bei Anja Gottwald, einer der Initiatorinnen des Projektes NawiKi an der Universität Hamburg und seit drei Jahren selbst in Kitas und Grundschulen experimentierend und den Kindern des Kindergartens „Mäuseburg" in Osterby mit dem Erzieher Marco Lemke.

Die Experimente in diesem Buch sind von der Autorin und vom Verlag sorgfältig ausgewählt und geprüft. Dennoch kann keine Garantie übernommen werden. Eine Haftung der Autorin bzw. des Verlags und seiner Beauftragten für Personen-, Sach- und Vermögensschäden ist ausgeschlossen.

FSC
www.fsc.org
MIX
Papier aus verantwortungsvollen Quellen
FSC® C006866

2. Auflage 2011

Anschrift: Postfach 10 03 25, 73703 Esslingen
www.esslinger-verlag.de

Text: Ruth Gellersen
Illustration: Ulrich Velte
Redaktion: Larissa Leibrock
Layout und Satz: Jenny Alber
ISBN 978-3-480-22835-5

Experimente

für drinnen und draußen

Ruth Gellersen · Ulrich Velte

esslinger

Vorwort

Liebe Eltern,

Kinder forschen und entdecken – den ganzen Tag!
Gerade in den ersten Lebensjahren gehören für Kinder viele Dinge, die für Erwachsene ganz selbstverständlich sind, in die Welt der Experimente. So werden schon beim Zuknöpfen der eigenen Jacke oder beim Füllen eines Messbechers wichtige Erfahrungen gesammelt. Experimente müssen also nicht immer gleich knallen und zischen.

Forschen Sie gemeinsam mit Ihrem Kind. Ermutigen Sie es, Fragen zu stellen, sich zu wundern und neue Dinge auszuprobieren. Denn es geht nicht um eine perfekte Ausführung der Experimente. Viel wichtiger ist, Ihr Kind beim Entdecken seiner Umwelt zu unterstützen. Ohne vorgefertigte Antworten und Lösungsvorschläge, sondern mit viel Neugier, Zeit und Interesse.

In diesem Buch finden Sie Experimente:

- Für Einsteiger
- Für Fortgeschrittene
- Für Profis

Je nach Entwicklungsstand und Alter Ihres Kindes.

Die klaren Schritt-für-Schritt-Anleitungen erleichtern Ihrem Kind und Ihnen den Aufbau und die Durchführung der Experimente.
In den farbigen Kästen finden Sie kurze naturwissenschaftliche Erklärungen, Spielanleitungen, Sachtexte und Ideen rund um das jeweilige Experiment.

Viel Spaß beim gemeinsamen Experimentieren wünscht

Ruth Gellersen

Ruth Gellersen

Hallo Forscher!

Wolltest du dein Spielzeugauto schon immer mal mit Raketenantrieb durchs Zimmer flitzen lassen? Und wie wäre es, wenn du im Sandkasten einen Vulkan ausbrechen lassen könntest?

Ob es regnet oder die Sonne scheint – in diesem Buch findest du spannende Experimente für drinnen und draußen!

Die allermeisten Experimente kannst du allein machen.
 Wenn du dieses Bild siehst, experimentierst du am besten gemeinsam mit deinen Freunden.

Viele Zutaten findest du bei euch zu Hause – so kannst du gleich anfangen zu experimentieren.

Besonders spannend wird es oft dann, wenn ein Experiment nicht so klappt, wie beschrieben oder wie du es dir vorgestellt hast. Forsche dann doch einfach mal weiter – bestimmt entdeckst du noch viele andere tolle Dinge.

Viel Spaß beim Forschen und Experimentieren wünscht dir deine Entdecker-Eule

Inhaltsverzeichnis

Für forschende Feinschmecker:

Für lernbegierige Luftikusse:

Experimente für kreative Künstler

Es schüttet und du kannst nicht zum Spielen nach draußen gehen? Macht nichts! Hol dir Licht und Sonne ins Haus! Mithilfe einer Taschenlampe kannst du im abgedunkelten Kinderzimmer verblüffende Entdeckungen machen. Oder hast du Lust, dir einen Farbkreisel zu basteln? Und mit einer selbst gestalteten Tastbox kannst du deine Freunde überraschen.

Raketenpower!

Für Profis

Du brauchst:

- eine Schnur
- eine Schere
- einen Strohhalm
- einen Luftballon
- eine Wäscheklammer
- Klebeband

Diese Luftballon-Rakete fliegt wie der Blitz durchs Kinderzimmer. Du kannst sie starten, sooft du willst. 10, 9, 8, 7 ... Start!

1

Befestige eine lange Schnur an einem Möbelstück und fädele einen dicken Strohhalm darauf.

2

Knote dann das andere Ende der Schnur so fest, dass sie straff gespannt quer durch das Zimmer führt.

3

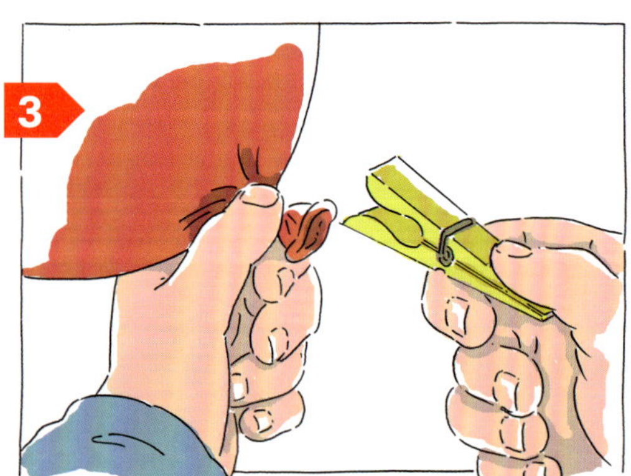

Puste einen Luftballon auf. Knote den Ballon nicht zu, sondern schließe ihn mit einer Wäscheklammer.

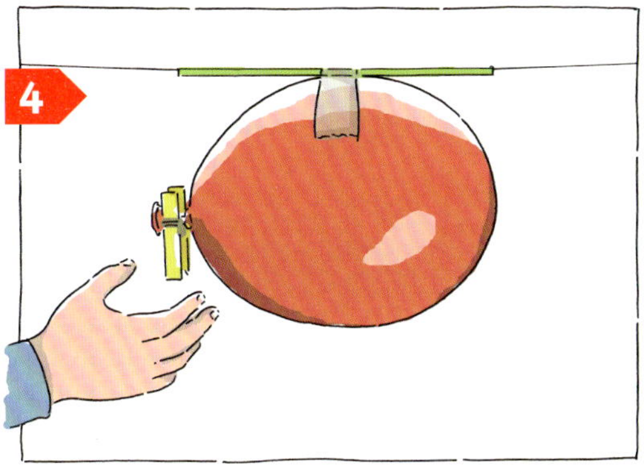

Befestige den Luftballon mit Klebeband am Strohhalm. Das dicke Luftballonende zeigt nach vorne.

Schiebe den Ballon an den Anfang deiner Raketenstrecke. Eins, zwei, drei ... Start: Öffne die Wäscheklammer. Sofort rast die Luftballon-Rakete los!

??? Warum ist das so?

Entfernst du die Wäscheklammer, entweicht die Luft schlagartig aus dem Ballon. Die Luft, die zuvor im Innern mit Druck zusammengepresst wurde, entweicht als kräftiger Luftstrom. Dieser Luftstrom treibt die Rakete an. Dies nennt man Rückstoßprinzip.

Wie ein Tintenfisch ?!

Das Rückstoßprinzip gibt es nicht nur in der Luft, sondern auch im Wasser: Kannst du schon schwimmen? Beim Schwimmen drückst du mit den Beinen das Wasser nach hinten weg und bewegst dich dabei nach vorne.

Auch Tintenfische bewegen sich vorwärts, indem sie Wasser nach hinten „ausspucken".

Du kannst auch einen Luftballon ohne Raketenbahn durch die Luft flitzen lassen: Puste den Ballon auf und halte die Öffnung mit zwei Fingern zu, ohne sie zu verknoten. Jetzt lass den Ballon los!

Herzklopfen

Für Profis

Du brauchst:

- eine saubere Kunststoffflasche
- eine Schere
- Isolierklebeband
- 

Das Herz ist ein wichtiger Teil des Körpers – ohne Herz könnten wir nicht leben. Weißt du, wo sich dein Herz befindet? Und wie das Herz eines Menschen klingt?

1

Schneide vorsichtig den unteren Teil der Flasche weg.

2

Beklebe die Schnittkante mit dem Isolierband, sodass keine scharfen Stellen mehr übrig bleiben.

3

Schraube den Deckel von der Flasche.

4

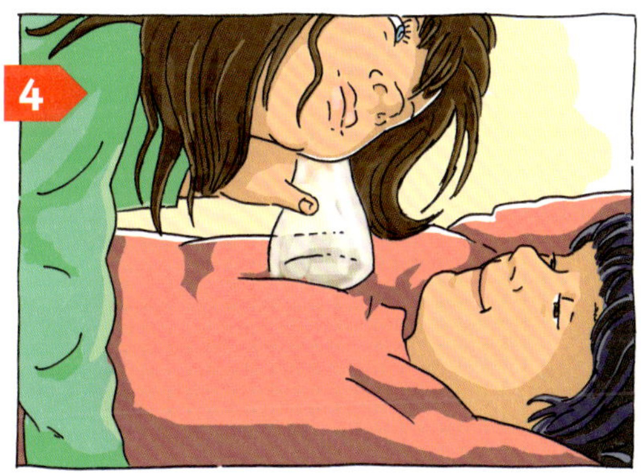

Deine Freundin oder dein Freund legt sich auf den Rücken. Setze die Flasche mit der breiten Öffnung nach unten auf die Brust. Halte dein Ohr an die schmale Öffnung. Hörst du das Herz schlagen? Vielleicht dauert es einen Moment, bis du es findest.

??? Was passiert?

Setzt du das Herz-Hörrohr auf die richtige Stelle, kannst du den Herzschlag deines Freundes hören. Die Trichterform des Hörrohrs verstärkt die Herztöne noch. Probiere auch einmal aus, den Herzschlag zu verändern. Wenn sich dein Freund bewegt hat, schlägt sein Herz schneller. Wenn er einige Zeit ganz still liegt, schlägt es wieder langsamer.

… noch mehr Spaß!

Unser Herz pumpt das Blut in alle Teile des Körpers. Das kannst du an einigen Stellen sogar fühlen. Lege dazu einen Finger innen an das Handgelenk. Spürst du ein leichtes Pochen? Das ist dein Puls. Du kannst ihn auch am Hals und an den Schläfen fühlen.

Durchschaut!

Für Fortgeschrittene

Durch manche Gegenstände scheint Licht hindurch, durch andere wiederum nicht. Wie unterscheiden sich „Lichtschlucker“ von „Lichtdurchlassern“?

Du brauchst:

- einen abgedunkelten Raum
- eine Taschenlampe
- unterschiedliche Gegenstände, z. B.
  - ein Holzbrett
  - ein Buch
  - einen Keramiktopf
  - ein Glas
  - Frischhaltefolie
  - eine Glühbirne

1

Lege alle Gegenstände auf den Tisch und sorge dafür, dass es im Zimmer ganz dunkel ist.

2

Schalte nun die Taschenlampe ein, halte sie dicht an jeden Gegenstand und leuchte dagegen.

3

Was erkennst du? Einige Gegenstände lassen das Licht durch. Andere werfen einen Schatten. Welche Dinge sind das jeweils?

??? Warum ist das so?

Manche Stoffe schlucken das Licht oder werfen es sogar zurück. Sie sind undurchsichtig, wie zum Beispiel Holz oder Keramik. Andere Stoffe lassen das Licht hindurchscheinen, zum Beispiel Glas. Diese Gegenstände sind lichtdurchlässig.

Ist Wasser blau?

Wasser ist durchsichtig! Oder etwa nicht? Sicher kennst auch du die verschiedenen Blautöne des Meeres. Die blaue Färbung entsteht jedoch deshalb, weil Wasser vor allem den blauen Anteil des Sonnenlichts streut. Die blaue Farbe des Meerwassers ist also eine Täuschung, das Wasser ist nach wie vor durchsichtig. Deshalb kannst du Fische im Aquarium oder im Teich auch gut beobachten!

Tolle Tastbox

Für Einsteiger

Du brauchst:

- einen Karton mit Deckel
- eine Schere
- Taschentücher
- Klebstoff
- Murmeln
- Fellreste
- Sandpapier
- Steine
- Korken
- Spielzeugautos
- Kuscheltiere
- 

Schaffell fühlt sich schön flauschig an! Sandpapier dagegen ist rau und kratzig. Bastelt euch eine Tastbox und greift hinein: Was fühlen eure Hände?

1

Schneide vorsichtig eine Öffnung in den Karton. Sie sollte so groß sein, dass deine Hand gerade hindurchpasst.

2

Klebe das Taschentuch an die obere Kante vor die Öffnung, sodass ihr später beim Hineingreifen nicht in den Karton schauen könnt.

3

Ein Kind legt einen Gegenstand in die Tastbox, ohne dass die anderen sehen was es ist und verschließt die Box mit dem Deckel.

4

Ein anderes Kind greift in die Tastbox und fühlt. Es beschreibt, wie sich der Gegenstand in seiner Hand anfühlt.

??? Was passiert?

Während die Hand den Gegenstand befühlt, werden die so erhaltenen Informationen an das Gehirn weitergesendet und dort verarbeitet.
Ein Beispiel: Die Hand erfühlt einen schmalen Stab mit Haaren am Ende. Das Gehirn setzt diese Informationen zu einem Bild zusammen: Der Gegenstand in der Tastbox ist ein Pinsel.

... noch mehr Spaß!

Schwieriger wird dieses Experiment so: Zeichne den Gegenstand mit Kreide auf eine Tafel. Erraten deine Freunde, was im Karton steckt?
Ihr könnt auch einen Tastteppich basteln: Klebt auf ein großes Stück Pappe verschiedene Materialien, z.B. Sandpapier, Moos und Stoffreste. Lauft barfuß über den Teppich.

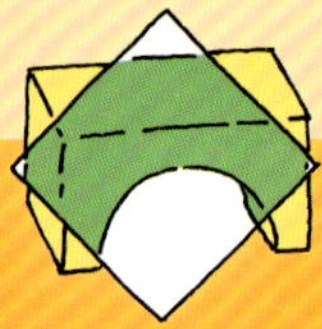

Bunte Welt

Für Profis

Ein rotes Feuerwehrauto und ein gelber Bauklotz: Simsalabim – schon erscheint das Feuerwehrauto schwarz und der Bauklotz wird auf einmal grün ...

Du brauchst:

- eine Schere
- einen Schuhkarton (ohne Deckel)
- Gegenstände in verschiedenen Farben
- eine Taschenlampe
- Folie (gelb, rot und blau)

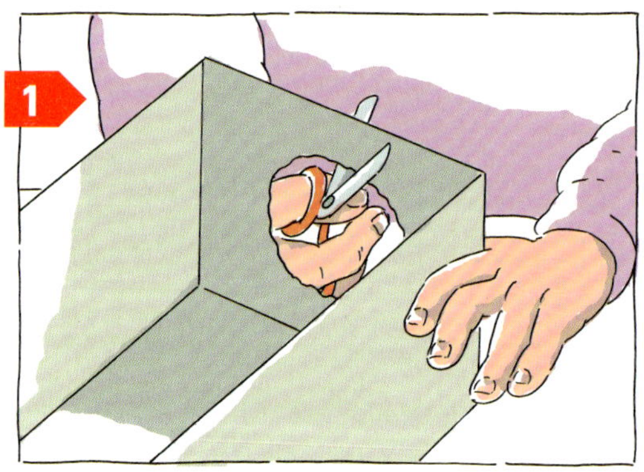

1

Schneide eine Öffnung in den Schuhkarton, durch die du deine Taschenlampe stecken kannst.

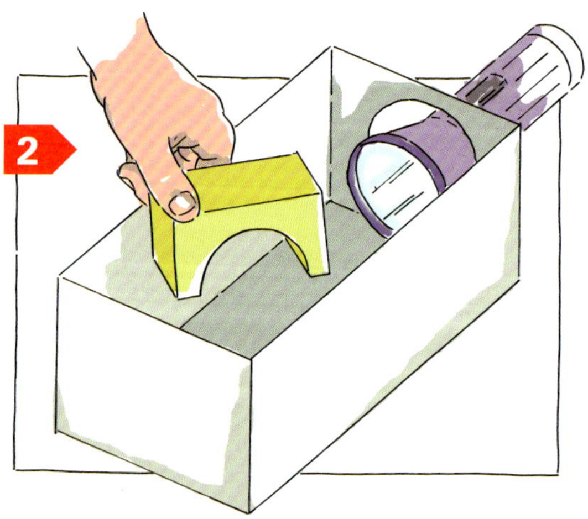

2

Lege einen Gegenstand in den Karton. Zum Beispiel einen gelben Bauklotz oder ein rotes Feuerwehrauto.

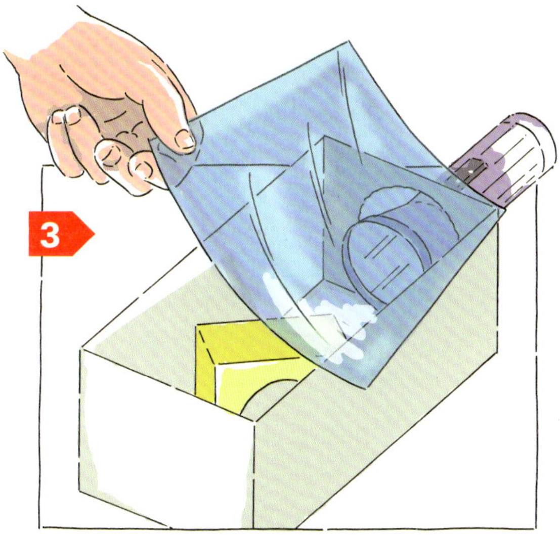

3

Lege nun eine Farbfolie auf den Karton.

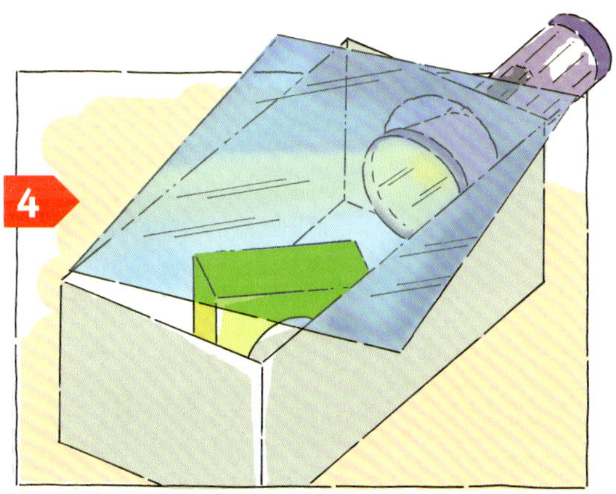

4

Schalte die Taschenlampe ein. Was siehst du? Probiere bei jedem Gegenstand alle Farbfolien aus.

??? Was passiert?

Unglaublich! Die Farbe deines Gegenstandes verändert sich. Durch die blaue Folie betrachtet sieht der gelbe Bauklotz nun grün aus. Die Farbfolien verändern das Licht und damit auch die Farben der angeleuchteten Gegenstände.

... noch mehr Spaß!

Möchtest du die Welt vor deinem Zimmer in anderen Farben sehen? Dann bastle dir ein Fensterbild aus farbigem Transparentpapier. Schneide zuerst einen Bilderrahmen aus Tonpapier aus. Nun klebst du den Rahmen auf einen Bogen Transparentpapier in deiner Lieblingsfarbe. Schneide das überstehende Transparentpapier ab und befestige das Bild mit Klebestreifen an deinem Fenster. Schau hindurch: Sieht die Welt nicht auf einmal wunderbar bunt aus?

Flotter Fallschirm

Für Fortgeschrittene

Du brauchst:

- etwas Pappe
- einen Stift
- eine Schere
- eine Plastiktüte
- einen Locher
- Wolle

Hast du schon einmal einen Fallschirmspringer gesehen? Wie ein Stein fällt er vom Himmel – bis der Fallschirm sich öffnet. Dann segelt er sicher zur Erde ...

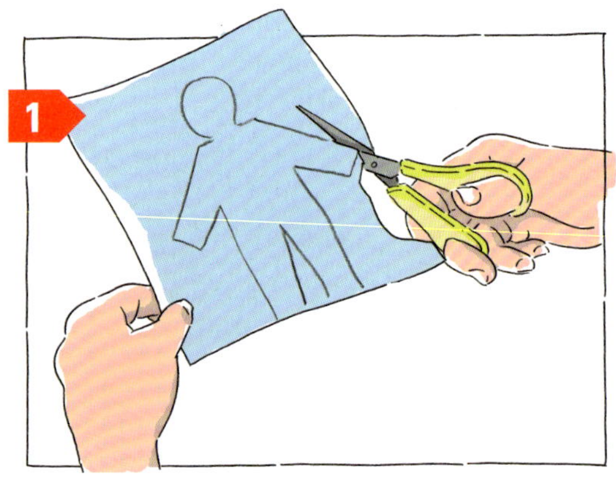

Zeichne eine Figur auf die Pappe und schneide sie aus.

Aus der Plastiktüte schneidest du ein etwa 22 x 22 cm großes Quadrat aus. Stanze mit dem Locher in jede Ecke des Quadrates ein Loch.

Schneide vier gleich lange Wollfäden ab. Knote an jedes Loch im Quadrat einen Faden. Stanze ein Loch in die Figur und befestige dort die freien Fadenenden.

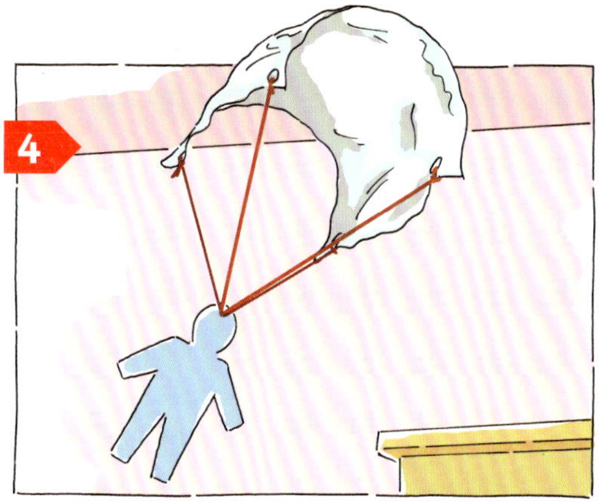

Halte den Fallschirm zwischen den Fingerspitzen und wirf ihn hoch in die Luft. Oder lass ihn von einem Stuhl aus fallen. Beobachte: Wie fällt der Fallschirmspringer zu Boden?

??? **Was passiert?**

Die Luft strömt von unten in den Fallschirm. Wegen der Form des Fallschirms kann sie nur schlecht an ihm vorbeiströmen. Der hohe Luftwiderstand bremst den fliegenden Fallschirm ab, sodass er langsam zu Boden gleitet.

Fallschirmspringer ?!

Beim Fallschirmspringen lassen sich Menschen aus einem Flugzeug fallen und öffnen ihren Fallschirm, um zurück zur Erde zu gleiten. Fallschirmspringen kann man alleine oder mit anderen zusammen. Manchmal bewegen sich Fallschirmspringer gemeinsam so am Himmel, dass Muster entstehen. Das nennt man Formationsspringen. Es gibt auch Berufsfallschirmspringer, wie zum Beispiel Rettungsfallschirmspringer, die Verletzten in den Bergen helfen.

Riesenschatten

Für Einsteiger

Du brauchst:

- Tonpapier
- Buntstifte
- eine Schere
- Klebestreifen
- eine Lampe

Unheimlich! Aus einem kleinen Gespenst wird auf einmal ein riesiger Nachtgeist. Doch der kann auch ganz schnell wieder zum Schattenzwerg schrumpfen.

Zeichne ein Gespenst oder eine andere Figur auf Tonpapier. Schneide das Gespenst vorsichtig aus.

Befestige einen Buntstift mit Klebestreifen am Gespenst.

3

Nun brauchst du ein dunkles Zimmer und eine weiße Wand. Halte das Gespenst vor die Wand und leuchte es mit einer Lampe an, sodass du einen Schatten siehst.

4

Verändere den Schatten, indem du die Figur bewegst: Kannst du den Gespensterschatten kleiner oder größer machen?

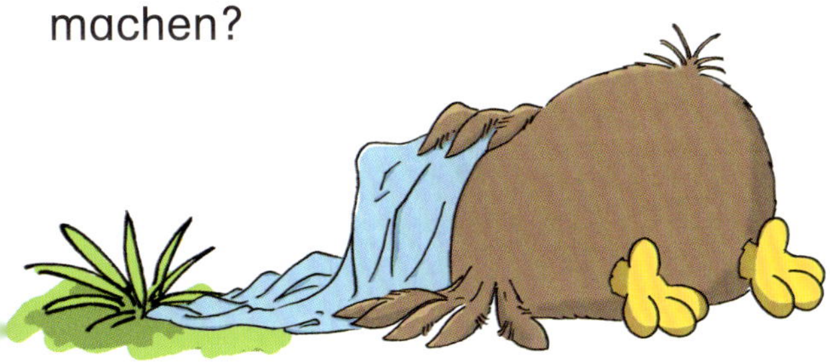

??? Warum ist das so?

Die Lichtstrahlen der Lampe fallen auf die Figur. Das Licht kann nicht hindurchscheinen, deshalb entsteht ein Schatten. Der Schatten hat die gleiche Form wie die Figur aus Tonpapier. Je näher du die Figur an die Wand hältst, desto kleiner wird ihr Schatten. Und umgekehrt wird er größer.

... noch mehr Spaß!

Mit den Händen kannst du tolle Schattentiere an die Wände zaubern. Halte deine Hand in einem dunklen Raum zwischen eine Lampe und die Wand. Forme Daumen und Finger zu einer Spitze. Das Schattenbild zeigt dir nun den Kopf einer Gans.
Wenn du Zeige- und Mittelfinger ausstreckst, siehst du einen Hasenkopf. Oder ist es vielleicht ein Hund? Lass ihn einmal kräftig bellen. Probiere noch mehr Schattenbilder aus!

Farbenkarussell

Für Profis

Wie ein buntes Karussell dreht sich dieser Farbkreisel um sich selbst und die Farben laufen wild durcheinander ...

Du brauchst:

- ein Glas (Ø ca. 8 – 10 cm)
- eine Schere
- etwas Pappe
- Stifte oder Wasserfarben mit Pinsel
- einen Holzspieß

1

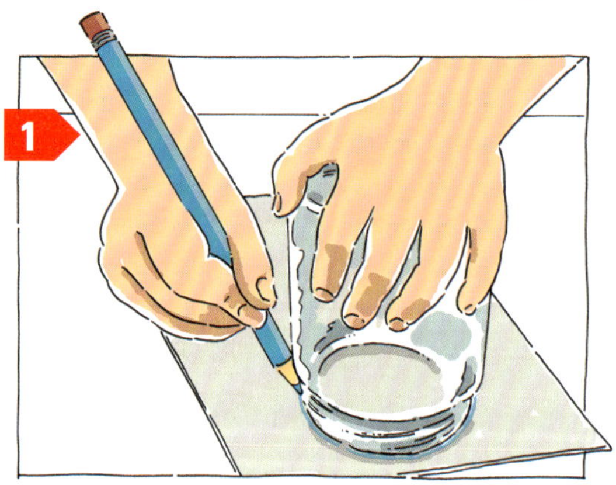

Stelle das Glas mit der Öffnung nach unten auf die Pappe und zeichne seinen Umriss nach.

2

Schneide den Pappkreis aus und male ihn mit Stiften oder Wasserfarben bunt an.

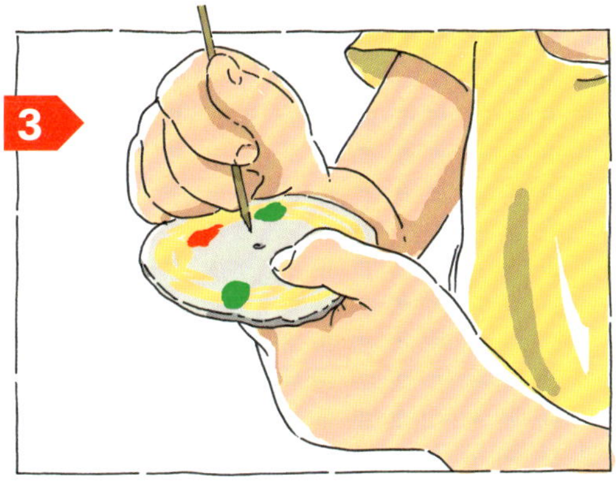

Stecke den Holzspieß durch die Mitte des Kreises. Unten sollte der Spieß höchstens einen halben Zentimeter herausgucken. Das Bild zeigt nach oben.

Halte den Spieß zwischen den Fingern und drehe den Farbenkreisel. Schau auf die bunte Bemalung. Sie sieht plötzlich ganz anders aus.

??? Warum ist das so?

Wenn du den Kreisel ganz schnell drehst, können deine Augen der Bewegung nicht mehr folgen. An der Bemalung verändert sich nichts – aber trotzdem sieht es für dich so aus, als würden die Farben ineinanderlaufen. Wird der Kreisel langsamer, kann das Auge die einzelnen Felder wieder unterscheiden und du erkennst, welche Muster du gemalt hast.

Bewegte Bilder

Bei einem Daumenkino blätterst du mit dem Daumen alle Seiten eines kleinen Buches ganz schnell hintereinander weg. Weil dein Auge nicht so schnell schauen kann, wie du blätterst, siehst du plötzlich ein sich bewegendes Bild. Aus den vielen Bildern entsteht eine zusammenhängende Bildfolge, die eine kleine Geschichte erzählt. So kannst du deinen eigenen Film in der Hosentasche tragen und jederzeit anschauen.

Experimente für neugierige Naturforscher

Wenn Sonnenstrahlen auf die Erde treffen, wird es warm. Aber wie wirkt sich die Kraft der Sonne aus? Und wie kann man sie nutzen? Ob auf dem Spielplatz, im Garten oder im Urlaub am Strand – man braucht nicht viel, um diese Experimente durchzuführen. Mit allem, was man draußen so findet, kannst du viel über den Straßenbau erfahren und dir im Sandkasten einen eigenen Vulkan bauen.

Straßenbau

Für Einsteiger

Es gibt Straßen aus Asphalt, Feldwege aus Sand und Gassen mit Kopfsteinpflaster. Auf welchem Untergrund fahren deine Spielzeugautos am besten?

Du brauchst:

- mehrere Stöckchen
- Sand
- Kieselsteine
- ein Holzbrett
- Rasen
- Spielzeugautos
-

1 Lege im Garten oder im Park verschiedene Rennbahnen an. Mit den Stöckchen trennst du die Bahnen voneinander.

2 Streue auf eine Bahn Sand, auf eine andere Kieselsteine. Lege das Holzbrett daneben. Lass eine Bahn mit Gras als Untergrund frei.

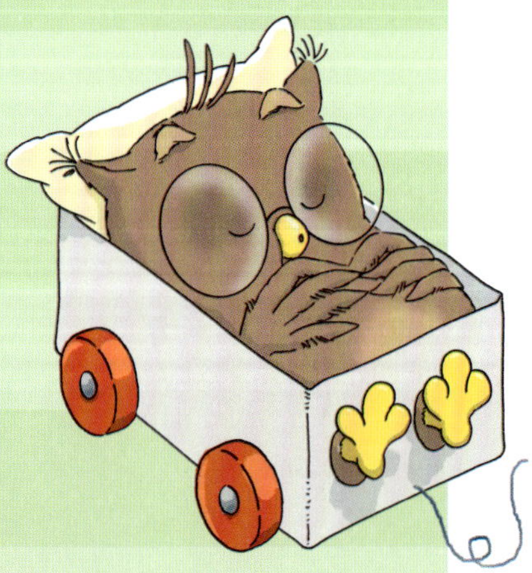

3 Jedes Kind stellt sein Spielzeugauto an den Start. Los geht's: Auf welchem Belag fährt das Auto gut, auf welchem nicht?

??? Was passiert?

Auf glatten, ebenen Untergründen wie dem Holzbrett fahren die Spielzeugautos gut. Ungleichmäßige, holprige Straßenbeläge bremsen die Fahrt des Autos, zum Beispiel, wenn die Räder im Sand versinken oder an Steinen hängen bleiben.

Römische Straßen ?!

Zur Zeit der Römer entstanden viele gut ausgebaute Straßen, die bei jedem Wetter passierbar waren. Sie unterschieden sich von den damals üblichen unbefestigten Feld- und Waldwegen, die zum Teil bei Regen nicht benutzt werden konnten. Die römischen Straßen verliefen häufig ohne größere Steigungen und scharfe Kurven. Sie bestanden aus mehreren Schichten (u. a. Steine, Kies, Sand und Steinplatten). Zu beiden Seiten wurde das Regenwasser in Gräben geleitet und konnte dort versickern.

Energie aus der Sonne

Für Profis

Aus warmen Sonnenstrahlen kann man Energie gewinnen. Damit erzeugt man Strom oder auch Wärme für die Heizung und warmes Wasser.

Du brauchst:

- zwei etwa gleich große Gefäße
- Wasser
- zwei Gummiringe
- schwarze Plastikfolie
- durchsichtige Plastikfolie
- einen sonnigen Tag
- 

1

Fülle an einem Waschbecken Wasser in die beiden Gefäße, sodass sie gut gefüllt sind.

2

Umwickle das eine Gefäß mit schwarzer Plastikfolie und befestige diese so mit einem Gummiring, dass sie nicht verrutscht und das Wasser nicht berührt. Am besten geht das zu zweit.

3

Verfahre mit dem zweiten ebenso, aber verwende hier die durchsichtige Folie.

4

Stelle die Gefäße in die Sonne. Wichtig ist, dass du diesen Versuch an einem sonnigen Tag durchführst! Entferne nach einigen Stunden die Plastikfolie und fühle: In welchem Gefäß ist das Wasser wärmer?

??? **Was passiert?**

Die Sonne erwärmt das Wasser in den Gefäßen. Die schwarze Plastikfolie verstärkt diesen Effekt noch – sie nimmt mehr von der Sonnenenergie auf als die Klarsichtfolie und das Wasser darunter ist etwas wärmer.

Schwarz oder weiß?

Je dunkler eine Fläche oder ein Gegenstand ist, desto besser werden die Sonnenstrahlen, die darauf scheinen, von diesem aufgenommen. Dabei entsteht Wärme. Ein schwarzer Untergrund nimmt die meisten Strahlen auf – viel besser als eine gelbe oder weiße Fläche. Daher sind die Solarzellen auf den Dächern zur Gewinnung von Strom oder Wärme auch schwarz oder dunkelblau.

Kies oder Sand?

Für Einsteiger

Du brauchst:

- einen Untergrund für dein Bauwerk, z.B. einen Sandkasten
- einen kleinen Sandeimer
- verschiedene Baustoffe, z.B.:
  - Sand
  - Erde
  - Kies
  - Wasser

Du kannst mit ganz unterschiedlichen Materialien bauen: Kies, Sand, Erde ... Welcher Baustoff hält am besten?

1

Fülle den Eimer bis zum Rand mit Sand. Drehe ihn dann herum und ziehe ihn nach oben weg, sodass ein Turm aus Sand entsteht.

2

Nimm noch einmal Sand und vermische ihn mit Wasser. Baue aus diesem Sand-Wasser-Gemisch mithilfe des Eimers einen zweiten Turm.

3

Baue einen Turm aus Erde und einen Kieselturm. Vergleiche alle vier Türme. Was erkennst du?

??? Warum ist das so?

Zum Bau der Türme verwendest du immer die gleiche Bauform: den Eimer. Dennoch sind die Türme unterschiedlich stabil. Einige stürzen schneller ein als andere. Das liegt an den Baustoffen, die du verwendest. Ein feuchtes Sand-Wasser-Gemisch lässt den Turm gut stehen. Baust du mit Kies oder sehr trockenem Sand, fällt der Turm schnell in sich zusammen. Nicht alle Baustoffe sind also gleich gut geeignet, um zu bauen: Je besser die kleinen Teilchen, also Sand, Wasser und Lehm, aneinander „kleben", desto besser hält der ganze Turm.

… noch mehr Spaß!

Auch mit Knete kann man bauen. So machst du sie ganz einfach selbst: Koche 250 ml Wasser (am besten mit einem Erwachsenen) auf und rühre dann 8 Löffel Speiseöl, ein Päckchen Lebensmittelfarbe, 100 g Salz und 200 g Mehl in das Wasser. Ist die Masse getrocknet, kannst du Bauwerke daraus formen.

Brodelnder Vulkan

Für Fortgeschrittene

Ein Vulkanausbruch ist ein faszinierendes und bedrohliches Naturschauspiel zugleich. Im Sandkasten kannst du deinen eigenen Vulkan ausbrechen lassen ...

Du brauchst:

- eine Flasche (0,5 l)
- zwei Päckchen Backpulver
- Mehl
- den Deckel eines Schuhkartons
- Sand
- Essig
- einen Becher
- rotes Krepppapier
- einen Löffel
- einen Trichter

1

Fülle zwei Päckchen Backpulver und die gleiche Menge Mehl in die leere Flasche.

2

Stelle die Flasche in den Deckel eines Schuhkartons. Forme aus Sand einen Berg um die Flasche herum. Lass dabei die Öffnung oben frei.

3

Gieße etwas Essig in einen Becher und lege einige Stücke Krepppapier hinein. Verrühre beides, bis der Essig rot gefärbt ist. Dann entfernst du das Krepppapier.

4

Fülle den Essig durch den Trichter in die Flasche. Beobachte nun den Vulkan.

??? Was passiert?

Nach kurzer Zeit blubbert es in deinem Vulkan und das rote Essigwasser – die „Lava“ – steigt aus der Öffnung. Das liegt daran, dass der Essig mit dem Mehl und dem Backpulver reagiert. Das Gemisch fängt an zu brodeln, weil unter anderem Kohlendioxid entsteht. Es breitet sich aus, bis es in der Flasche nicht mehr genug Platz findet und aus der Öffnung dringt.

Vulkanausbrüche ?!

Bei einem Vulkanausbruch drängt flüssiges Gestein aus dem Inneren der Erde durch die feste Erdkruste. Diese heißen, flüssigen Gesteinsmassen nennt man Magma. Sobald sie an die Erdoberfläche gelangt, wird aus der Magma ein fließender Strom, der dann als Lava bezeichnet wird.

Vulkane gibt es sowohl an Land als auch unter Wasser. Bricht ein Vulkan auf dem Meeresboden aus, kann dabei sogar eine Insel entstehen.

Lehmbau

Für Profis

Du brauchst:

- Lehm (z.B. aus dem Baustofffachhandel)
- Wasser
- eine Schüssel
- einen Rührlöffel
- alte Kleidung
- einen sonnigen Sommertag

Lehm ist ein sehr alter Baustoff. Bereits seit Tausenden von Jahren bauen Menschen Häuser aus Lehm oder setzen Lehm als Dämmmaterial und zum Verputzen ein. So stellst du Ziegel aus Lehm her:

1

Rühre den Lehm mit Wasser an. Knete ihn so lange, bis du einen geschmeidigen Teig bekommst, der sich gut formen lässt.

2

Forme kleine Ziegel. Dafür kannst du auch eine Form, zum Beispiel ein Sandförmchen, verwenden.

Hab etwas Geduld: Lege die Ziegel zum Trocknen auf einen Kuchenrost. Stelle den Rost an einen warmen Ort, jedoch nicht in die Sonne, weil die Ziegel sonst reißen können.

Was möchtest du bauen? Ein Haus, eine Garage oder einen Stall? Setze die getrockneten Ziegel aufeinander. Du kannst die Steine mit etwas frischem Lehm aneinander kleben.

??? Warum ist das so?

Lehm besteht aus einem Gemisch aus Ton und Sand. Durch den Tonanteil lässt sich der Lehm gut verarbeiten. Denn in Verbindung mit Wasser wirkt der Ton wie ein Klebstoff. Daher kannst du aus dem Lehm haltbare Figuren oder Steine formen. Durch die Wärme entweicht das Wasser und der Lehm wird fest.

Nester aus Lehm

Mehlschwalben und Rauchschwalben bauen ihre Behausungen aus Lehm. Dafür tragen sie Lehmklümpchen in ihren Schnäbeln zu dem Ort, an dem sie brüten wollen. So entstehen mit der Zeit Nester. Bei Bedarf erweitern sie die Nester einfach mit neuem Lehm oder bauen zusätzliche Behausungen dazu. Mehlschwalben errichten ihre Nester dicht beieinander, Rauchschwalben nisten entweder neben Artgenossen oder als einzelnes Paar.

Erwischt!

Für Fortgeschrittene

Du brauchst:

- Packpapier
- Wachsmalstifte
- einen sonnigen Sommertag
- 

Wo du bist, ist auch immer dein Schatten. Bewegst du dich, verändert sich auch er. Für einen Augenblick kannst du ihn einfangen ...

1

Lege einen Bogen Packpapier auf einen harten, ebenen Untergrund.

2

Stelle dich mit dem Rücken zur Sonne. Dein Schatten fällt direkt auf das Papier.

3

Probiere aus, wie sich dein Schatten verändert. Winke mit den Armen oder grätsche die Beine.

4

Gefällt dir die Form deines Schattens? Dann beweg dich nicht mehr. Dein Partner zeichnet nun mit einem Wachsmalstift die Umrisse nach. So entsteht dein eigenes Schatten-Bild!

??? Was passiert?

Eine Lichtquelle, wie zum Beispiel die Sonne oder eine Taschenlampe, bescheint einen Körper. Dadurch entsteht hinter dem Körper eine dunkle Fläche. Diese Fläche nennt man Schatten.

... noch mehr Spaß!

Befestigt ein weißes Betttuch zwischen zwei Wänden oder zwei Möbelstücken. Leuchtet das Tuch mit einer starken Lampe an. Die Zuschauer setzen sich vor das Tuch, der Schauspieler steht zwischen Tuch und Lampe. Dort ahmt er ein Tier oder einen Gegenstand nach. Er hüpft wie ein Frosch oder fliegt mit ausgebreiteten Armen wie ein Flugzeug. Erraten die Zuschauer, was der Schauspieler zeigt?

Ihr könnt auch gemeinsam ein richtiges Theaterstück mit verteilten Rollen aufführen.

Die Kraft der Sonne

Für Einsteiger

Du brauchst:

- zwei mittelgroße Steine
- einen sonnigen Tag

Ohne die Sonne gäbe es kein Leben auf unserer Erde. Ihre Strahlen sorgen zum Beispiel für Licht und lassen Pflanzen wachsen. Was bewirkt die Sonne noch?

1 Lege einen Stein in die Sonne.

2 Lege den zweiten Stein an einen dunklen, schattigen Ort.

3

Hab etwas Geduld. Nimm den in der Sonne liegenden Stein nach einiger Zeit in die Hände. Spürst du, wie warm er ist? Wie fühlt sich im Vergleich dazu der Stein an, der im Schatten liegt?

??? Warum ist das so?

Die Sonne sorgt für Helligkeit und Wärme. Ihr Licht erwärmt den Boden und die Luft. Zusammen erwärmen sie den Stein. Der Stein, der im Schatten liegt, wird von den Sonnenstrahlen nicht direkt erreicht. Deshalb ist er kühler als der Stein, der in der Sonne liegt.

Strom und Wärme

Die Energie der Sonne wird in unserem Alltag auf vielfältige Weise genutzt. Der Strom für elektrische Geräte und Maschinen kann aus Sonnenstrahlen gewonnen werden. Dies nennt man Fotovoltaik. Auch warmes Wasser zum Heizen, Kochen oder Baden erhalten wir durch die Sonnenenergie. Diese Technik heißt Solarthermie. An den schwarzen oder dunkelblauen Platten auf den Hausdächern kannst du erkennen, dass hier die Energie der Sonne genutzt wird.

Bergstraßen

Für Fortgeschrittene

Drei Straßen: Eine führt um den Berg herum, eine über ihn hinweg, eine führt direkt durch ihn hindurch. Welche Straße ist am kürzesten?

Du brauchst:

- feuchten Sand
- eine Schaufel
- einen Löffel
- drei verschiedenfarbige Wollfäden, zum Beispiel rot, blau, grün
- einen Stein
- eine Schere

1

Schütte einen großen Berg Sand auf und klopfe ihn mit der Schaufel fest. Grabe mit dem Löffel einen Tunnel unten durch den Berg.

2

Lege das Ende der roten Schnur vor den Tunnel und beschwere es mit einem Stein. Führe die Schnur durch den Tunnel und schneide sie direkt am anderen Ausgang durch.

3

Führe die grüne Schnur vom Stein aus um den Berg herum. Schneide sie an der Stelle durch, an der sie auf das Ende der roten Schnur trifft.

Die blaue Schnur führst du über den Berg. Schneide sie an der Stelle durch, an der sie die anderen beiden Schnüre erreicht.

Lege alle drei Schnüre nebeneinander. Welche Schnur ist am längsten? Welche zeigt dir den kürzesten Weg?

??? Was passiert?

Es gibt verschiedene Möglichkeiten, einen Berg zu überqueren. Manche Straßen führen um den Berg herum oder an ihm vorbei. Es gibt auch Tunnel, die direkt durch einen Berg führen können. Wie du an der Länge der ersten Schnur erkennen kannst, ist dies auch der kürzeste Weg.

... noch mehr Spaß!

In Sandberge kannst du nicht nur Tunnel graben, sondern auch mit ihnen spielen: Die Spieler teilen sich in zwei Mannschaften auf. Jede Mannschaft bekommt fünf Gegenstände (zum Beispiel kleine Sandförmchen, Muscheln oder Murmeln). Die Spieler jeder Mannschaft errichten einen Sandberg, in dem sie ihre fünf Gegenstände versteckt. Dann werden die Sandberge getauscht und eine Sanduhr umgedreht: Jede Mannschaft sucht so schnell sie kann nach den vergrabenen Dingen der Gegenspieler.

Experimente für forschende Feinschmecker

In der Küche kann man spontan eine Menge ausprobieren. Bei diesen Versuchen werden alle deine Sinne angesprochen: Hast du schon mal einen Schalldämpfer für Wassertropfen gebaut? Wie gut kannst du mit verbundenen Augen schmecken? Außerdem erfährst du, wie ein Kühlschrank funktioniert, warum Obst braun wird und wie das Blut in deinem Körper fließt.

Ton aus!

Für Profis

Es ist ganz still. Du hörst nur, wie Wasser in eine Schale tropft. Mit deinem selbst gemachten Schalldämpfer wird auch das Geräusch der Wassertropfen ganz leise ...

Du brauchst:

- eine Schale
- ein Glas
- Wasser
- einen Löffel
- etwas Spülmittel
- einen Rührbesen

Stelle die Schale und das Glas auf einen Tisch und fülle beide mit Wasser.

Tauche den Löffel in das Glas und lass das Wasser langsam in die Schale tropfen. Hörst du, wie die Tropfen auf die Wasseroberfläche prallen?

Gieße Spülmittel in die Schale und rühre das Wasser darin mit dem Rührbesen schaumig.

4

Tauche nun den Löffel wieder in das Glas und tropfe noch einmal Wasser in die Schale. Hörst du etwas? Das Geräusch der Wassertropfen ist nun ganz leise.

??? Warum ist das so?

Spülmittel bildet Schaum auf der Wasseroberfläche, der den Aufprall der Tropfen auf die Wasseroberfläche bremst. So kann die Wasseroberfläche nicht in Schwingung geraten und das Geräusch der Tropfen wird leiser.

Starke Tropfen

Aus Wassertropfen kann manchmal sogar Stein entstehen! Wenn in manchen Höhlen besonders kalkhaltiges Wasser sehr langsam tropft und verdunstet, bilden sich mit der Zeit Steine. Es gibt verschiedene Formen von Tropfsteinen. Stalagmiten wachsen säulenförmig vom Boden Richtung Decke und Stalaktiten wachsen eiszapfenförmig von der Decke zum Boden. Überall auf der Welt kannst du Tropfsteinhöhlen besichtigen.

Möhrenfarbstoff

Für Fortgeschrittene

Möhren oder rote Paprika enthalten einen orangefarbenen Farbstoff, der Carotin heißt. Worin löst sich dieser Stoff besser, in Wasser oder in Öl?

Du brauchst:

- eine Möhre
- eine Reibe
- zwei Gläser
- Wasser
- einen Löffel
- farbloses Speiseöl

1 Reibe die Möhre in kleine Raspeln.

2 Gib einen Teil der Möhrenraspeln mit etwas Wasser in ein Glas und verrühre beides.

3 Gib den anderen Teil der Raspeln mit etwas Öl in ein Glas und verrühre beides. Was beobachtest du?

Das Wasser verfärbt sich kaum durch den Farbstoff Carotin. Ganz anders das Möhren-Öl-Gemisch: Hier erkennst du, wie sich die Farbe im Glas verteilt.

??? Warum ist das so?

Das Carotin in der Möhre ist fettlöslich, das heißt, es löst sich in Speiseöl und nicht in Wasser auf. Aus diesem Grund wird auch Salat immer mit Speiseöl zubereitet. So kann der Körper das Carotin besser aufnehmen. Dieser Pflanzenfarbstoff kommt auch in anderen Lebensmitteln vor, zum Beispiel in Tomaten.

Alles Mohrrübe!

Gelbe Rübe, Karotte, Wurzel ... All diese Namen bezeichnen ein Gemüse: die Mohrrübe. Überall auf der Welt werden Mohrrüben angebaut. Sie sind schmackhaft und gesund, denn sie enthalten viele Vitamine. Der Möhrenfarbstoff aus diesem Experiment ist dir vielleicht schon an anderer Stelle begegnet: Kleine Kinder, die mit Möhrenbrei gefüttert werden, bekommen häufig eine orange-rote Nase.

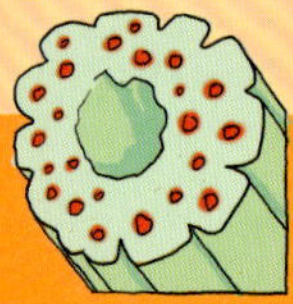

Blutbahnen

Für Profis

Überall in unserem Körper fließt Blut. Wenn du dich verletzt, reißt die Haut auf und manchmal blutet es. Finde heraus, wie sich das Blut im Körper verteilt.

Du brauchst:

- ein hohes Glas mit Wasser
- rote Lebensmittelfarbe
- einen Löffel
- eine Stange frischen Staudensellerie
- ein Schneidebrett
- ein Messer

1

Gib die Lebensmittelfarbe in das Wasserglas und rühre so lange mit dem Löffel um, bis sich die Farbe aufgelöst hat.

2

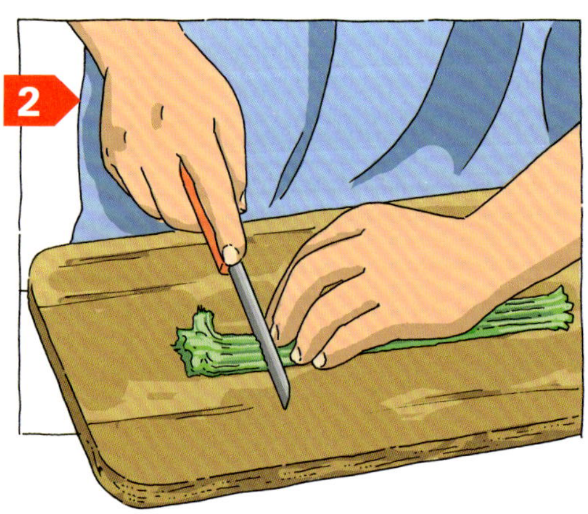

Lege den Sellerie auf das Schneidebrett und schneide vorsichtig ein Stück ab. Lass dir dabei von einem Erwachsenen helfen.

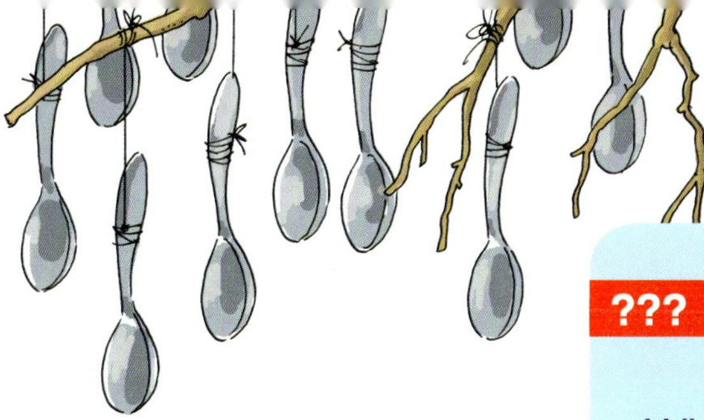

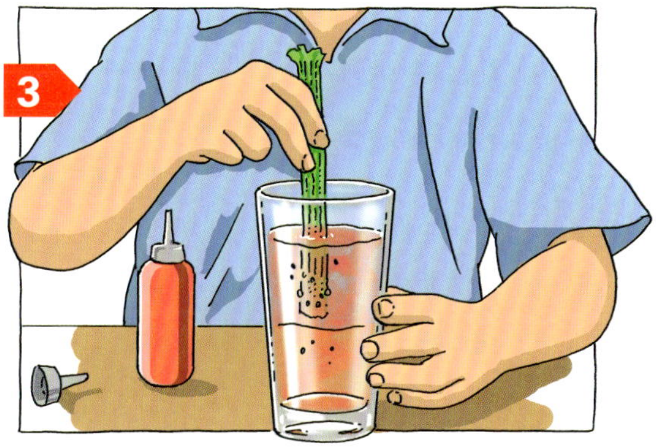

3

Stelle die Selleriestange mit der Schnittstelle nach unten in das rote Wasser.

4

Nimm nach einer Nacht die Selleriestange aus dem Glas und betrachte die Schnittstelle. Erkennst du die feinen roten Punkte am Stiel?

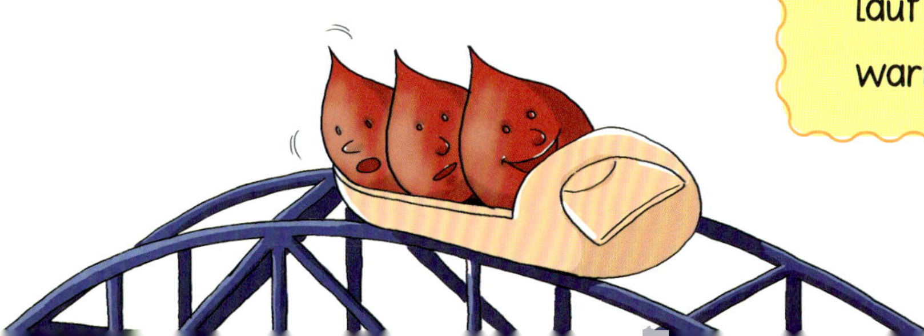

??? Warum ist das so?

Wie alle Pflanzen benötigt auch Sellerie Wasser, um zu leben. Das Wasser wird durch kleine Kanäle gesogen. Im Experiment kannst du die rot eingefärbten Kanäle an der Schnittstelle erkennen. In ähnlichen Bahnen, den Adern, fließt auch das Blut durch unseren Körper.

Ewiger Kreislauf

Das Blut fließt in einem Kreislauf durch unseren Körper. Dabei spielt unser Herz eine entscheidende Rolle. Es befindet sich in der linken Seite unseres Brustkorbes und funktioniert wie eine Pumpe, die das Blut verteilt. Es fließt vom Herzen in alle Organe und von dort aus wieder zurück zum Herzen. So gelangt das Blut überallhin und versorgt den Körper mit Nährstoffen und Sauerstoff. Außerdem sorgt der Blutkreislauf dafür, dass unser Körper immer warm ist.

Gut gekühlt!

Für Einsteiger

Du brauchst:

- einen großen Blumentopf aus Ton
- Wasser
- eine flache Schale (Ø größer als der Blumentopf)
- Saft
- zwei Gläser
- einen kleinen Stein

Frische Lebensmittel wie zum Beispiel Milch halten sich gekühlt länger als bei Zimmertemperatur. Baue dir einen eigenen Kühlschrank.

Feuchte den Tontopf gut mit Wasser an.

Fülle Wasser in die Schale und den Saft in die Gläser.

Stelle ein Glas Saft in die Mitte der Schale. Das andere Glas steht neben der Schale.

Stülpe den Tontopf über die Schale und lege den Stein auf das Loch im Topfboden. Vergleiche nach einiger Zeit: Welcher Saft ist kühler?

??? Warum ist das so?

Das Wasser, mit dem der Tontopf befeuchtet wurde, verdunstet. Dabei wird der Topf kalt. Dieses Phänomen nennt man „Verdunstungskälte". Du hast das bestimmt schon erlebt, wenn du deine Badesachen nach dem Baden angelassen hast – sie werden beim Trocknen kalt. Genauso bleibt auch der Saft im Kühlschrank so lange kühl, bis das Wasser verdunstet ist.

Natur-Kühlschränke ?!

Es gibt viele Orte, an denen Lebensmittel gekühlt werden können – ganz ohne Elektrizität! In Höhlen, Grotten und unterirdischen Kellern herrschen oft niedrige Temperaturen. Im Winter sorgen Eis und Schnee dafür, dass Nahrungsmittel kalt bleiben. So kannst du deinen Balkon oder die Terrasse als Kühlschrank nutzen. Im Sommer hält eine Grube, die im Boden ausgehoben und abgedeckt wird, Lebensmittel kühl.

Schmeckt's?

Für Fortgeschrittene

Du brauchst:

- Honig
- eine Birne und einen Apfel
- Quark und Joghurt
- Erbsen und Mais
- Zucker und Salz
- Götterspeise in verschiedenen Geschmacksrichtungen
- einen Löffel
- kleine Schalen
- 

Weißt du, wie Honig schmeckt? Na klar! Sehr süß! Erkennst du den Geschmack von Honig aber auch, wenn du mit verbundenen Augen davon probierst?

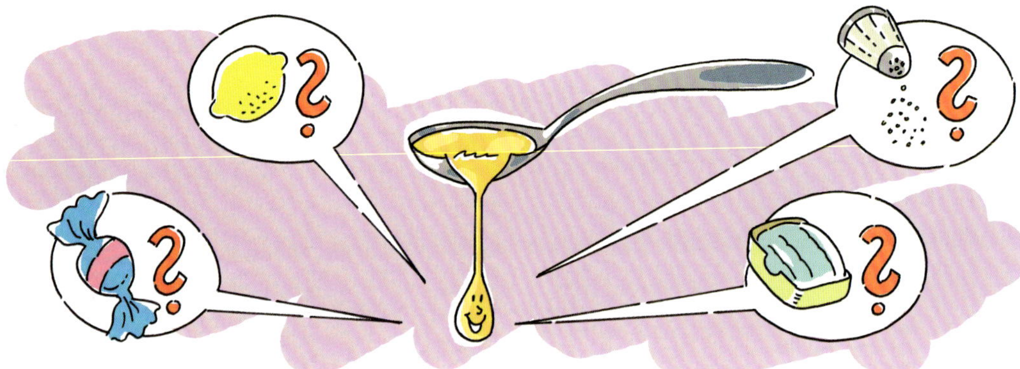

1 Fülle alle Nahrungsmittel in kleine Schalen und stell diese durcheinander auf den Tisch.

2 Lass dir von einem Freund die Augen verbinden und öffne den Mund.

3

Dein Freund gibt dir ein Löffelchen zum Probieren. Schmeckt es süß, sauer, salzig oder bitter?

??? **Was passiert?**

Mit geschlossenen Augen fällt es dir viel schwerer festzustellen, was du gerade isst. Auch die beiden Sinne Schmecken und Riechen sind eng miteinander verbunden. Halte dir mit geschlossenen Augen die Nase zu. Iss ein Stück Birne, dann ein Stück Apfel. Du schmeckst das süße Obst – aber nicht, ob es ein Apfel oder eine Birne ist. Dazu brauchst du deine Nase!

Schmeckst du umami?

Wir kennen vier Hauptgeschmacksrichtungen, die wir mit den Sinneszellen auf der Zunge unterscheiden: süß, sauer, bitter und salzig. Wissenschaftler haben herausgefunden, dass es noch eine weitere Geschmacksart gibt, nämlich umami. Diese Geschmacksart kommt in eiweißreicher Nahrung vor. Reifer Käse, Fleisch und Milch schmecken also auch umami.
Übrigens: Je kälter etwas ist, desto weniger schmecken wir die süßen Anteile darin.

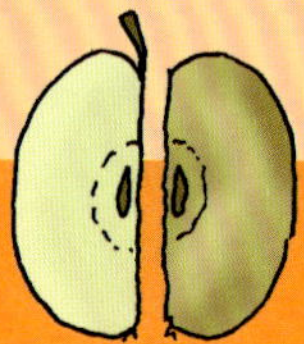

Frischer Apfel

Für Fortgeschrittene

Mal wird ein frischer Apfel braun, mal nicht. Woran liegt das?

Du brauchst:

- einen Apfel
- ein Küchenmesser
- zwei Untertassen
- eine Zitrone
- eine Zitronenpresse

1 Schneide den Apfel vorsichtig in Scheiben.

2 Verteile die Scheiben auf die beiden Untertassen. Lege sie so nebeneinander, dass Luft an sie herankommt.

Halbiere eine Zitrone und presse den Saft aus.

Gieße den Zitronensaft nur über die Apfelscheiben der einen Untertasse. Nun brauchst du ein wenig Geduld: Schau dir die Apfelscheiben in den nächsten Stunden an. Welche Veränderung beobachtest du?

??? Was passiert?

Das helle Fruchtfleisch des Apfels ohne Zitronensaft verfärbt sich in der Luft bräunlich. Je länger die Apfelscheiben auf der Untertasse liegen, desto brauner und unansehnlicher werden sie. Die Apfelscheiben, die mit Zitrone beträufelt wurden, sehen länger unverändert aus. Die Zitronensäure verhindert die Verfärbung.

... noch mehr Spaß!

Aus den Apfelscheiben aus diesem Experiment kannst du Apfelmus kochen: Schneide noch drei weitere Äpfel in Scheiben oder Stücke. Fülle eine Tasse Wasser in einen Topf und bringe es mithilfe eines Erwachsenen zum Kochen. Gib die Apfelstücke, etwas Zucker und Zimt in das Wasser. Lass die Äpfel so lange auf niedriger Stufe köcheln, bis sie weich sind. Zerdrücke sie dann mit einer Gabel oder einem Kartoffelstampfer vorsichtig zu einem Mus.

Götterspeise-Auge

Für Profis

Du brauchst:

- Götterspeise
- eine Schale
- einen Rührlöffel
- Wasser
- eine kleine Dessertschale (halbrund)
- durchsichtige Glasschale oder Glasteller

Wow, ist das riesig! Unter einer Lupe siehst du Dinge viel größer, als sie eigentlich sind. Wusstest du, dass es Lupen gibt, die auch noch besonders gut schmecken?

1 Rühre die Götterspeise zusammen mit einem Erwachsenen an. Lass nun die flüssige und heiße Götterspeise kalt werden.

2 Gieße etwas Götterspeise in die Dessertschale und stelle sie für einige Stunden oder über Nacht in den Kühlschrank.

3 Nimm die Dessertschale mit der fest gewordenen Götterspeise aus dem Kühlschrank. Spüle die Schale von außen mit warmem Wasser ab, dann lässt sich die Götterspeise leichter lösen.

Stürze die Götterspeise auf den Glasteller und halte ihn über die Eule in diesem Buch. Die Götterspeise-Lupe funktioniert! Auf einmal erscheint die Eule vergrößert vor deinen Augen.

??? Warum ist das so?

Lichtstrahlen fallen durch die halbrunde Götterspeisen-Form und werden abgelenkt. Hierdurch erscheinen der Text und die Bilder darunter vergrößert. Nach diesem Prinzip funktionieren auch die Linsen einer Lupe.

Wackelpeter ?!

Götterspeise wird auch „Wackelpeter" genannt. Dieser Name stammt aus dem 19. Jahrhundert. Sicher hast auch du schon bemerkt, dass die Götterspeise leicht wackelt, wenn man dagegenstößt. Die wackelige Süßspeise besteht aus Zucker, Geliermittel sowie aus Farb- und Geschmacksstoffen. Götterspeise gibt es in verschiedenen Farben und Geschmacksrichtungen: rot, gelb und grün. Welche Farbe magst du am liebsten?

Knallroter Kirschsaft

Für Einsteiger

Kirschsaft schmeckt gut. Aber auf weißem Stoff leuchten die Saftflecken knallrot – es sei denn, du kennst diesen Trick!

Du brauchst:

- etwas Kirschsaft
- einen Teelöffel
- ein altes weißes Baumwolltuch
- Kochsalz

1

Tauche den Löffel in den Kirschsaft.

2

Halte den Löffel über das Baumwolltuch und tropfe etwas Kirschsaft darauf.

3

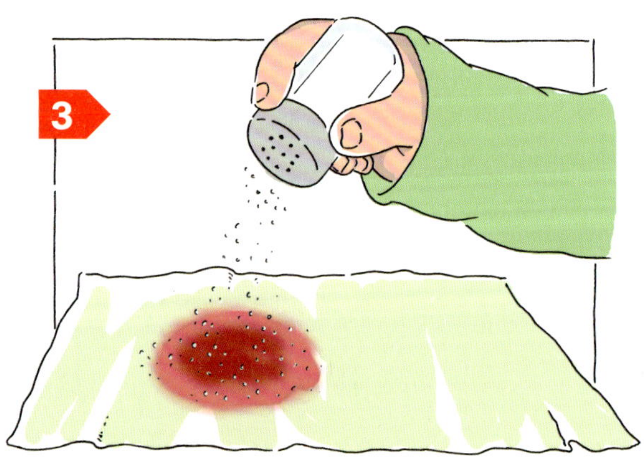

Lege den Löffel zur Seite und streue sofort ganz viel Kochsalz auf den Fleck.

4

Beobachte das Tuch: Schon nach kurzer Zeit bekommt das weiße Salz eine rötliche Färbung.

??? Warum ist das so?

Kochsalz besteht aus Natriumchlorid, das Wasser anzieht. Zusammen mit dem Wasser des Kirschsaftes wird auch sein roter Farbstoff vom Natriumchlorid angesogen. Dadurch verfärbt sich das Salz dann rot. So funktionieren auch die Wurzeln von Bäumen! In den Wurzeln ist ein bisschen Salz enthalten, und wenn nach einem Regen der Boden feucht ist, zieht das Salz das Wasser in die Wurzeln.

Kostbares Salz ?!

Früher war Salz eine sehr begehrte Handelsware. Da es sehr mühsam war, Salz aus dem Meer oder in Bergwerken zu gewinnen, war Salz sehr teuer und wurde mit Gold aufgewogen. Deshalb nannte man es auch „weißes Gold". Es wurde weit transportiert – auf Straßen, die wir heute deshalb „Salzstraßen" nennen. Viele Städte wurden mit dem Handel von Salz sehr reich. Beim Kochen und Backen sorgt Salz dafür, dass die Speisen nicht fad schmecken.

Experimente für lernbegierige

Luftikusse

Der Mensch baut riesige Staudämme oder meterhohe Windräder, um die Kraft von Wasser und Luft zu nutzen. Doch diese beiden Elemente können noch mehr. Probier's aus und bau dir einen Luftballon-Antrieb oder bring deine eigenen Ufos in die Umlaufbahn! Mit einer Gießkanne kannst du außerdem herausfinden, warum Häuser unterschiedliche Dachformen haben. All dies gelingt natürlich am besten unter freiem Himmel.

Dach = Dach?

Für Fortgeschrittene

Manche Häuser haben spitze, andere Häuser haben flache Dächer. Was geschieht, wenn starker Regen auf die Dächer fällt?

Du brauchst:

- drei rechteckige Kunststoffdeckel oder Frühstücksbrettchen
- Klebestreifen
- Bauklötze
- eine Gießkanne
- Wasser
- einen Untergrund, der nass werden darf, z. B. aus Steinen oder Fliesen

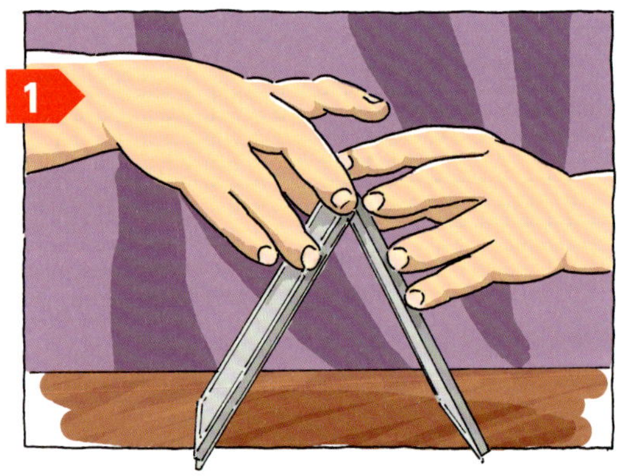

1 Lehne zwei Deckel so gegeneinander, dass ein spitzes Dach entsteht. Befestige sie mit Klebestreifen aneinander und am Boden, damit sie nicht verrutschen.

2 Lege den dritten Deckel auf zwei Wände aus Bauklötzen.

Fülle Wasser in die Gießkanne. Gieße das Wasser wie Regen auf die beiden Dächer.

??? Was passiert?

Der Regen, also das Wasser aus der Gießkanne, läuft auf dem Spitzdach gut ab. Die Tropfen rinnen durch die starke Neigung nach unten. Beim Flachdach dagegen kann das Wasser nicht ablaufen, es sammelt sich auf dem Dach. Hierfür haben Flachdächer Abflüsse, die das Regenwasser durch Rohre nach unten leiten.

Auf's Dach geschaut ?!

Viele Häuser werden mit Dachziegeln bedeckt. Diese bestehen häufig aus gebranntem Ton. Je nach ihrer Form haben sie unterschiedliche Namen, zum Beispiel Biberschwänze. Es werden auch andere Materialien zur Dachbedeckung verwendet, zum Beispiel Schiefer, Beton oder Metall. Manche Kirchen haben Dächer aus Kupferblechen. Bei Reetdachhäusern bestehen die Dächer aus getrocknetem Schilfrohr, das gebündelt auf dem Dachstuhl befestigt wird.

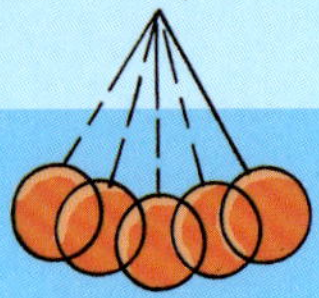

Gut gependelt

Für Einsteiger

Deine Freunde staunen: Der Ball schwingt genau auf dich zu – doch du bleibst ganz ruhig stehen und weichst nicht aus. Ob das gut geht?

Du brauchst:

- einen Ball
- eine lange Schnur

1 Knote das eine Ende der Schnur an dem Ball fest. Das geht am besten über Kreuz.

2 Befestige das andere Schnurende an einem Ast oder an einem Haken in der Decke. Lass dir dabei von einem Erwachsenen helfen. Es ist wichtig, dass der Ball frei schwingen kann.

3 Stelle dich ein Stück entfernt vom Seil auf und nimm den Ball in die Hände, sodass die Schnur straff gespannt ist.

Lass den Ball los und bleibe an deinem Platz stehen, ohne dich zu bewegen. Was passiert?

??? Warum ist das so?

Der Ball schwingt zu dir zurück – aber er berührt dich nicht. Er macht kurz vor dir halt, weil der Luftwiderstand ihn bremst. Der Ball pendelt langsam aus und kommt dir jedes weitere Mal etwas kürzer entgegen.

... noch mehr Spaß!

Ein Pendel besteht aus einem Gewicht, das an einem Stab oder an einer Schnur befestigt ist. Es schwingt hin und her. Das kannst du gut an einer Pendeluhr beobachten, deren Zeiger schwingt. Auch wenn du auf einer Schaukel sitzt, schwingst du wie ein Pendel. Was passiert, wenn du deine Beine und Arme nicht zum Schwungholen benutzt? Spürst du die Luft im Gesicht und in den Haaren?

Hallo? Hallo!

Für Profis

Mit diesem Telefon kannst du umsonst mit deinen Freunden telefonieren – so oft du magst ...

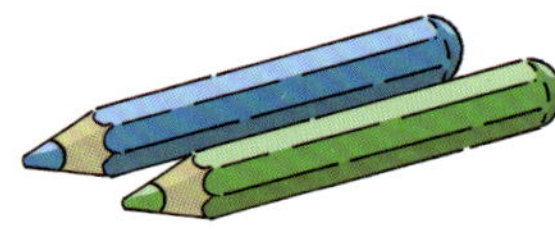

Du brauchst:

- zwei lange Schläuche, z. B. Gartenschläuche
- Klebeband
- vier Trichter
- Papier
- Stifte
- 

1 Lege die Schläuche nebeneinander und umwickle sie an mehreren Stellen mit Klebeband.

2 Stecke in jede der vier Öffnungen einen Trichter und befestige diesen mit Klebeband am Schlauch.

3 Zeichne auf zwei Zettel jeweils einen Mund und auf zwei andere Zettel jeweils ein Ohr.

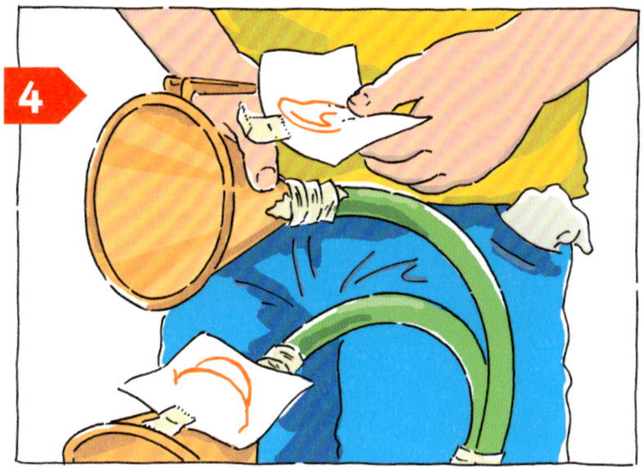

Klebe einen Mund an den ersten Trichter und an den Trichter daneben ein Ohr. Mache dasselbe mit den Trichtern am anderen Ende. Achte darauf, dass an einem Schlauch immer ein Ohr und ein Mund kleben.

Lege den Schlauch um die Hausecke, halte den Trichter mit dem Ohren-Bild ans Ohr und sprich in den Trichter mit dem Mund-Bild. Am anderen Ende der Leitung macht es dein Freund ebenso.

??? **Was passiert?**

Mit dem Schlauchtelefon könnt ihr auch miteinander sprechen, wenn ihr euch nicht seht. Die Töne werden durch den Schlauch bis ans andere Ende übertragen.

In die Ferne sprechen

Telefone wurden früher Fernsprecher genannt. Mit ihnen können Menschen miteinander sprechen – ganz gleich, ob sie nahe beieinander stehen oder sich an weit entfernten Orten befinden. Die Technik des Telefons wandelt das, was eine Person ins Telefon spricht, in elektrische Signale um. Diese Signale werden durch Leitungen gesendet. Am Telefon einer zweiten Person werden aus den elektrischen Signalen wieder gesprochene Worte. Die ersten Telefone hatten zuerst eine Kurbel, später dann eine Wählscheibe. Heutzutage haben die meisten Telefone Tasten.

STOPP! Staudamm!

Für Fortgeschrittene

Manche Bauwerke stehen im Wasser, zum Beispiel Staudämme. Wie funktioniert ein Staudamm? Am besten experimentierst du im Garten oder auf dem Spielplatz.

Du brauchst:

- eine Wanne
- eine Gießkanne oder einen Eimer
- Wasser
- Material zum Abdichten, zum Beispiel Steine, kurze Bretter, Schlamm, Zweige

1 Gieße das Wasser in die Wanne. Du kannst beobachten, wie es sich gleichmäßig in der Wanne verteilt. Der Wasserspiegel steigt überall langsam an.

2 Schütte das Wasser zurück in den Behälter oder in ein Blumenbeet.

3 Teile ein Stück der Wanne ab. Errichte dafür eine Wand aus deinem Material zum Abdichten. Versuche, deinen Staudamm so zu bauen, dass er möglichst dicht ist.

Gieße dann Wasser in einen Teil der Wanne. Was beobachtest du jetzt?

??? Was passiert?

Das Wasser staut sich zunächst am Staudamm. Auf dieser Seite steigt es an, während auf der anderen Seite nur langsam Wasser durchsickert. Sobald das Wasser die obere Grenze der Wand erreicht hat oder der Damm bricht, fließt es in den anderen Teil der Wanne. Staudämme werden angelegt, um größere Wassermengen zur Verfügung zu haben, zum Beispiel als Wasservorrat und um Strom zu erzeugen.

Biber-Damm ?!

Damit das Wasser um den Bau herum immer gleich hoch steht, errichten Biber Dämme, mit denen sie das Wasser rund um ihren Bau herum stauen. Diese Dämme können mehrere hundert Meter lang werden. Dafür fällen die Biber Baumstämme. Mit diesen Stämmen sowie mit Zweigen, Ästen, Schilf und Schlamm stauen sie das Wasser eines Sees oder Flusses auf. Auch die Wohnbauten der Biber bestehen aus diesen Baumaterialien. Sie werden Burgen genannt.

Flugschau

Für Einsteiger

Bei diesem Experiment bekommst du schnell einen roten Kopf: Puste die Luftballons auf und wirf sie in die Luft. Welcher Ballon fliegt am besten?

Du brauchst:

- drei gleiche Luftballons

1

Kannst du einen Luftballon aufblasen? Wenn noch nicht, lass dir von einem Erwachsenen helfen. Knote den Ballon zu.

2

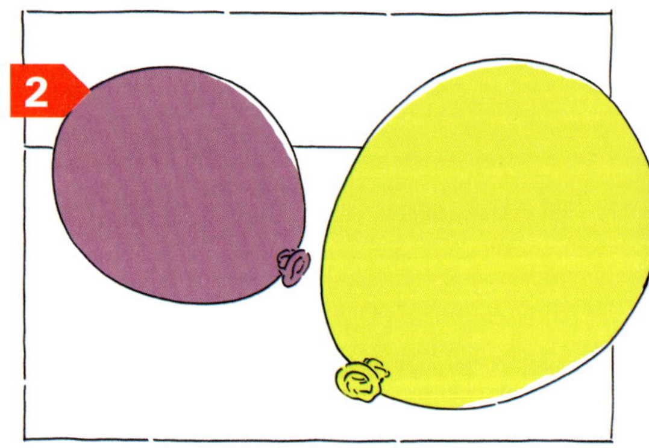

Puste den zweiten Luftballon so auf, dass er kleiner ist als der erste Ballon. Knote den Luftballon zu.

3

Puste den dritten Luftballon nur sehr wenig auf und knote die Öffnung zu. Dieser Ballon ist am kleinsten.

4

Wirf alle drei Ballons in die Luft. Was passiert? Der erste Ballon fliegt am besten. Er kommt später auf dem Boden auf als die anderen Ballons. Der kleinste Ballon kommt zuerst auf.

??? Warum ist das so?

Der Fall eines Gegenstandes wird von der Luft abgebremst. Je größer ein Gegenstand ist, desto mehr Widerstand bietet er der Luft. Also: Je größer der aufgepustete Ballon ist, desto mehr wird er gebremst – und desto langsamer fliegt er zu Boden.

... noch mehr Spaß!

Für dieses Spiel brauchst du ausreichend Platz und viele kleine Bälle, zum Beispiel Plastik- oder Softbälle.
Breitet ein Bettlaken oder ein großes Tuch aus und legt die Bälle darauf. Jedes Kind hält einen Zipfel des Lakens fest. Werft die Bälle hoch in die Luft und versucht, sie mit dem zwischen euch gespannten Stoff wieder aufzufangen. Je mehr Bälle es sind, desto schwieriger wird das Spiel. Dieses Spiel kann man übrigens auch prima mit bunten Luftballons machen.

Luftballon-Flitzer

Für Fortgeschrittene

Du brauchst:

- zwei Spielzeugautos (sehr leicht)
- ein Stück Kunststoffschlauch (z.B. aus dem Baumarkt)
- Klebeband
- einen Luftballon
- 

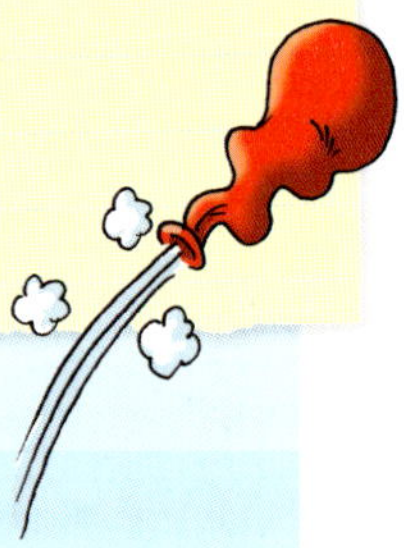

Mit einem Trick kannst du dein Spielzeugauto noch schneller fahren lassen als bisher. Auf die Plätze, fertig ... Start!

1 Stülpe den Luftballon über das Ende des Schlauchs.

2 Befestige den Schlauch und den Luftballon mit Klebeband auf dem Dach des Autos.

3

Blase den Luftballon durch den Schlauch auf und halte anschließend die Öffnung zu.

4

Stelle das Auto auf den Boden und lass den Ballon los. Bitte eine Freundin oder einen Freund, gleichzeitig ein Spielzeugauto ohne Luftballonantrieb anzustoßen. Welches Auto fährt schneller?

??? Warum ist das so?

Sobald du den Ballon loslässt, entweicht die Luft, die zuvor im Innern mit Druck zusammengepresst wurde, als kräftiger Luftstrom. Dieser Luftstrom treibt das Spielzeugauto an. Es fährt los, ohne dass du es anschieben musst.

... noch mehr Spaß!

Noch schneller fährt das Auto übrigens, wenn du darauf gleich zwei Kunststoffschläuche mit zwei Luftballons befestigst. Mach mit deinen Freunden ein Luftballonauto-Rennen: Bereitet die bunten Luftballon-Flitzer vor. Bemalt ein großes Stück Pappe und bezieht es mit durchsichtiger Klebefolie. Lehnt die Pappe in einem flachen Winkel gegen einen Bücherstapel. Stellt die Autos an den Start und lasst sie gleichzeitig los. Welches Auto flitzt am schnellsten die Startrampe hinunter? Welches kommt am weitesten?

Der Korken-Kompass

Für Profis

Mit einem Kompass kannst du herausfinden, in welcher Richtung Norden und Süden liegen, und dich so beim Wandern, Roller- oder Radfahren orientieren.

Du brauchst:

- einen Korken
- ein Messer
- einen starken Magneten
- eine Nähnadel
- Klebestreifen
- eine Schale mit Wasser

1

Schneide vorsichtig eine dünne Scheibe vom Korken ab. Lass dir dabei von einem Erwachsenen helfen.

2

Fahre mit dem Magneten in Richtung Spitze über die ganze Nadel – schön langsam, mindestens zehn oder fünfzehn Mal. So machst du aus der Nadel einen kleinen Magneten.

3

Befestige die Nadel mit einem Klebestreifen auf dem Korken.

Fülle die Schale mit Wasser und lege den Korken hinein. Die Nadel richtet sich nun in eine Richtung aus. Probiere das mehrmals aus – zeigt deine Nadel immer in die gleiche Richtung?

??? Warum ist das so?

Mit einem Kompass kannst du die Himmelsrichtungen bestimmen. Alle Kompassnadeln sind magnetisch. Sie orientieren sich an dem Magnetfeld, das die Erde umgibt. Diese magnetischen Kräfte wirken auf die Kompassnadel ein, sodass diese sich immer in die magnetische Nord-Süd-Richtung einstellt.

Magnetische Linien ?!

Unsere Erde ist von einem Magnetfeld umgeben, das sich von Süden nach Norden ausrichtet. Deshalb können wir uns an jedem beliebigen Ort mithilfe eines Kompasses orientieren, indem wir herausfinden, wo Norden ist. Manche Tierarten benötigen hierzu keinen Kompass – sie erspüren mit ihrem Magnetsinn die magnetischen Linien der Erde und orientieren sich daran. Am bekanntesten ist dieses Phänomen bei den Zugvögeln, aber auch Tauben, Haie und Meeresschildkröten nutzen den Magnetsinn.

Fliegende Untertassen

Für Fortgeschrittene

Aufregung im Park! Unbekannte Flugobjekte – UFOs schwirren durch die Luft. Steckst du vielleicht hinter den fliegenden Untertassen?

Du brauchst:

- Kochtöpfe in verschiedenen Größen
- etwas Pappe
- einen Stift
- eine Schere
- Wasserfarben und Pinsel

Stelle die Kochtöpfe auf die Pappe und zeichne ihre Umrisse nach.

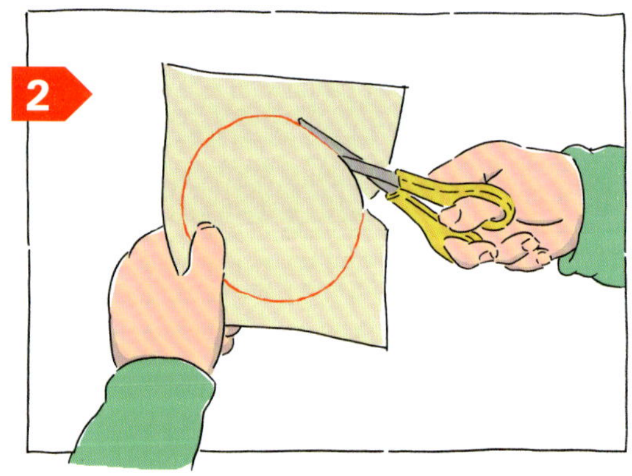

Schneide alle Kreise vorsichtig aus. Lass dir dabei helfen, wenn die Pappe sehr dick ist.

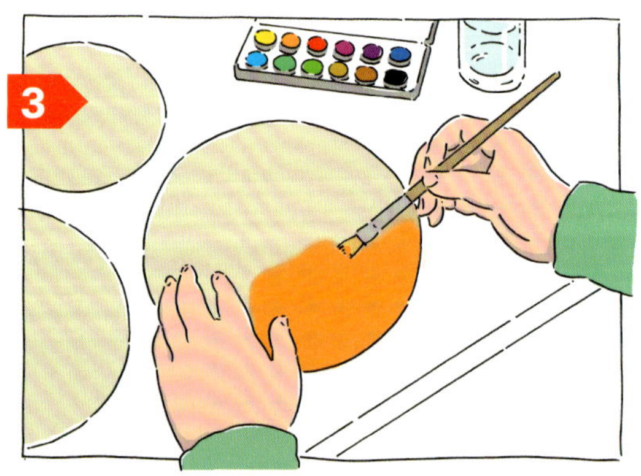

Male die Pappkreise mit Wasserfarben bunt an und lass sie gut trocknen.

4 Der Countdown läuft: Geh auf eine große Wiese und lass deine fliegenden Untertassen durch die Lüfte sausen. Probiere dabei verschiedene Wurftechniken aus. Wie fliegen die UFOs am besten?

??? Was passiert?

Deine bunten UFOs fliegen fast wie Frisbeescheiben. Da sie sehr flach sind, bieten sie der Luft wenig Widerstand und können so gut fliegen. Dabei kommt es auf die richtige Wurftechnik an: Am besten fliegen die Scheiben, wenn du sie waagerecht und mit einer Drehbewegung aus dem Handgelenk wirfst, sodass sie in der Luft rotieren.

Achtung, UFO! ?!

Als UFO werden Himmelserscheinungen oder fliegende Objekte bezeichnet, die Menschen nicht eindeutig zuordnen können. Diese Flugobjekte werden häufig als hell leuchtende Scheiben beschrieben. Aufgrund ihrer Form nennt man sie auch „fliegende Untertassen". Manche Menschen glauben, dass die UFOs Raumschiffe von Außerirdischen aus dem Weltraum sind. In den allermeisten Fällen gibt es für die vermeintlichen UFOs allerdings eine ganz natürliche Erklärung, zum Beispiel seltene Wetterphänomene.

Richtig clever!

Noch mehr interessante Experimente entdeckst du in der Sachbuchreihe „Richtig clever!". Viele Zutaten findest du bei dir zu Hause – du kannst also gleich loslegen!

ISBN 978-3-480-22469-2

ISBN 978-3-480-22482-1

ISBN 978-3-480-22301-5

ISBN 978-3-480-22337-4

ISBN 978-3-480-22336-7

ISBN 978-3-480-22300-8

ISBN 978-3-480-22470-8

Alle Titel: R. Gellersen / U. Velte, 48 Seiten, € 9,95 (D), € 10,30 (A), CHF 17,50

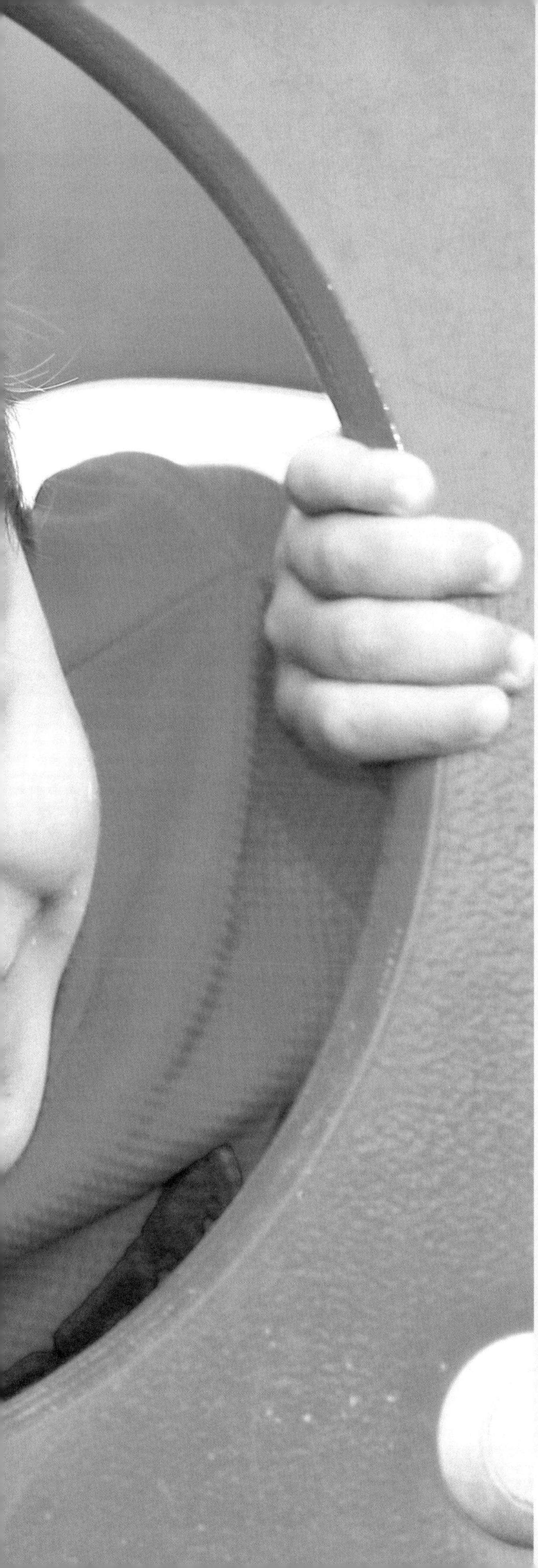

Spannendes Wissen für neugierige Entdecker!
Das findest du in den Sachbüchern aus dem
Esslinger Verlag. Schau doch einfach mal rein!

Aus der Reihe: Erlebe deine Welt

ISBN 978-3-480-22775-4

ISBN 978-3-480-22516-3

ISBN 978-3-480-22471-5

Aus der Reihe: Meine große Tierbibliothek

ISBN 978-3-480-22774-7

ISBN 978-3-480-22466-1

ISBN 978-3-480-22408-1

Weitere spannende Sachbücher:

ISBN 978-3-480-22717-4

ISBN 978-3-480-22555-2

ISBN 978-3-480-22628-3

ISBN 978-3-480-22724-2

ISBN 978-3-480-22644-3

ISBN 978-3-480-22777-8

Bildnachweis

Blickwinkel: S. 73: S. Meyers

IStock:
S. 10–11: Wojciech Gajda; **S. 17:** asiseeit; **S. 23:** Lars Christensen; **S. 28–29:** Stacey Gamez; **S. 31:** Brianna May; **S. 37:** Julien Grondin; **S. 43:** Richard Schmidt-Zuper; **S. 46–47:** Monia33; **S. 49:** Sandra vom Stein; **S. 51:** Isabelle Limbach; **S. 55:** Michael Ivanin; **S. 57:** Edyta Linek; **S. 61:** Carmen Martínez Banús; **S. 63:** Anthony Hall; **S. 64–65:** Stanislav Komogorov; **S. 67:** Majoros Laszlo; **S. 69:** Carol Gering; **S. 75:** Renee Lee; **S. 79:** Keith Flood; **S. 82–83:** Pavel Losevsky; **S. 84–85:** Chris Bernard;
Titelfoto (Mitte o. l.): Birute Vijeikiene;
Titelfoto (Mitte o. r.): shawn scivally;
Titelfoto (Mitte u. l.): Steven van Soldt;
Titelfoto (Mitte u. r.): esolla;
Titelfoto (u. r.): Ivan Mateev;
Titelfoto (o. l.): Julia Kharlamova;
Titelfoto (o. r.): Jasmin Awad